MULHERES NEGRAS QUE MUDARAM O MUNDO

Escrito por
JULIA ADAMS e CLAIRE PHILIP

Ilustrado por
LOUISE WRIGHT e ISABEL MUÑOZ

Tradução de
GUILHERME KASMANAS e ALINE COELHO

pé da letra

Mulheres Negras que Mudaram o Mundo
Copyright © Arcturus Holdings Limited

Os direitos
desta edição pertencem à
Pé da Letra Editora
Rua Coimbra, 255 - Jd. Colibri
Cotia, SP, Brasil
Tel.(11) 3733-0404
vendas@editorapedaletra.com.br
www.editorapedaletra.com.br

Tradução Guilherme Kasmanas e Aline Coelho
Ilustrações Louise Wright e Isabel Munoz
Design Sally Bond
Diagramação Pé da Letra/Adriana Oshiro
Revisão Larissa Bernardi
Coordenação Fabiano Flaminio

Impresso no Brasil, 2023

Dados Internacionais de Catalogação na Publicação (CIP)
Angélica Ilacqua - CRB-8/7057

Adams, Julia
   Mulheres negras que mudaram o mundo / Julia Adams, Claire Philip ; tradução de Guilherme Kasmanas, Aline Coelho ; ilustrações de Louise Wright, Isabel Muñoz. – 1 ed. – Cotia, SP : Pé da Letra, 2023.
   32 p. : il., color.

ISBN 978-65-5888-732-4

Título original: Seleção dos textos de 101 Awesome Women Who Changed Our World and 101 Awesome Women Who Transformed Science

1. Negras – Biografias - Literatura infantojuvenil 2. Negras – História - Literatura infantojuvenil I. Título II. Philip, Claire III. Kasmanas, Guilherme IV. Coelho, Aline V. Wright, Louise VI. Muñoz, Isabel

23-1407   CDD 305.4

Índices para catálogo sistemático:
1. Negras – Biografias - Literatura infantojuvenil

Todos os direitos reservados. Nenhuma parte desta publicação pode ser reproduzida, armazenada num sistema de recuperação, ou transmitida, de qualquer forma ou por qualquer meio, eletrônico, mecânico, fotocopiador, de gravação ou por outro modo, sem autorização prévia por escrito, de acordo com as disposições da Lei 9.610/98. Qualquer pessoa ou pessoas que pratiquem qualquer ato não autorizado em relação a esta publicação podem ser responsáveis por processos criminais e reclamações cíveis por danos. Esta editora empenhou-se em contatar os responsáveis pelos direitos autorais de todas as imagens e de outros materiais utilizados neste livro. Se, porventura, for constatada a omissão involuntária na identificação de algum deles, dispomo-nos a efetuar, futuramente, os possíveis acertos.

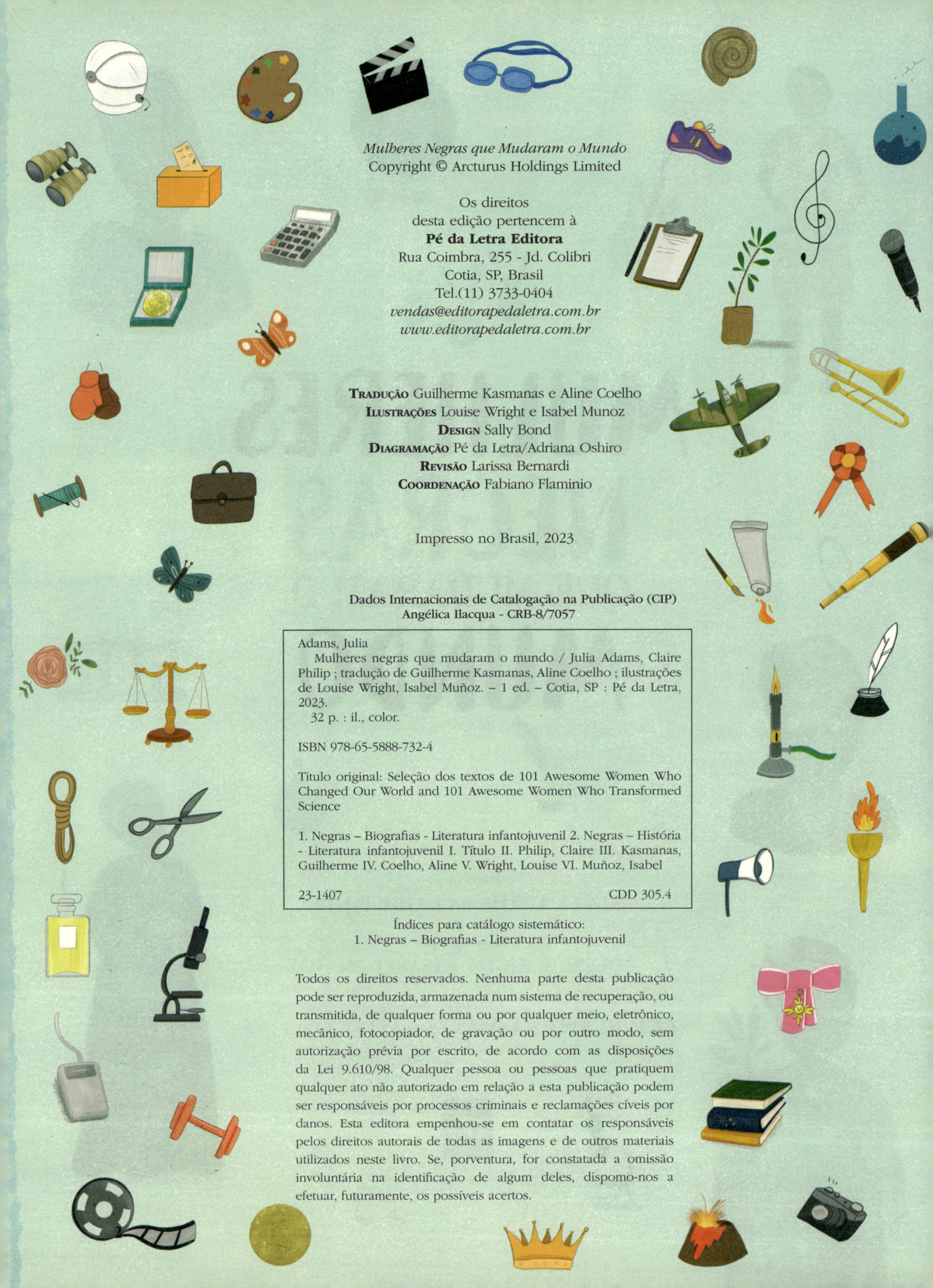

ÍNDICE

Introdução	3
Rosa Parks	4
Fadumo Dayib	6
Shirley Chisholm	6
Harriet Tubman	7
Yaa Asantewaa	8
Wangari Maathai	10
Joan Armatrading	11
Mamie Phipps Clark	12
Venus Williams	14
Serena Williams	15
Nina Simone	16
Katherine G. Johnson	18
Joy Buolamwini	18
Leontyne Price	19
Etta Zuber Falconer	19
Maya Angelou	20
Marta	22
Bessie Coleman	24
Misty Copeland	26
Alice Augusta Ball	28
Dorothy Johnson Vaughan	30
Miriam Makeba	32

INTRODUÇÃO

Quando você ouve que alguém ganhou um grande prêmio, fez alguma coisa muito importante na ciência ou quebrou um recorde esportivo, como você imagina essa pessoa? É um homem ou uma mulher? A que etnia essa pessoa pertence? De que país ela vem? Ela é formada em alguma faculdade importante?

Às vezes, acabamos achando que o mundo é um lugar pequeno onde apenas pessoas com um determinado perfil podem se destacar. Mas isso não é verdade! Inspire-se com o ativismo de Angela Davis; com a música de Nina Simone; com a garra e determinação das irmãs Williams; com o talento e os gols de Marta; e se permita ver o mundo com novos olhos.

Aumente seu repertório de referências, baseando-se em histórias reais de luta e superação para perceber que não há obstáculo que não possa ser superado, e que todos são capazes de realizar grandes feitos, independentemente de suas origens; etnia ou gênero.

E bom, se todos são capazes, por que não você?

ROSA PARKS
ATIVISTA DE DIREITOS HUMANOS
(1913–2005)

NÚMERO DE PRISIONEIRA DE ROSA

Em 1955 um simples ato de desafio em um ônibus local levou ao nascimento do movimento pelos direitos civis. Quando Rosa Parks, de forma silenciosa mas corajosa, se recusou a dar seu lugar para um homem branco, ela chamou atenção para o racismo que vivia como uma mulher negra nos Estados Unidos.

Rosa nasceu Rosa McCauley, no Alabama, um dos estados americanos que tinham leis de segregação ativas na época – leis que mantinham pessoas negras e brancas separadas e tratavam afro-americanos como cidadãos de segunda classe. Sob essas leis, escolas para crianças negras eram, com frequência, piores do que escolas de crianças brancas, e era aceitável pagar menos a profissionais negros do que a pessoas brancas que estavam fazendo os mesmos trabalhos. Alguns estados até proibiam o casamento inter-racial.

Rosa deixou a escola quando tinha 11 anos de idade para cuidar de sua avó doente. Após sua avó morrer, a mãe de Rosa ficou doente. Ela cuidou do ambiente familiar e cuidou de sua mãe.

Em 1932, ela se casou com um barbeiro chamado Raymond Parks, que a encorajou a retomar os estudos e, em 1933, Rosa concluiu o ensino médio. Raymond pertencia a uma organização de direitos civis chamada Associação pelo Avanço Nacional de Pessoas de Cor (NAACP). Rosa também passou a frequentar e se tornou secretária da Corporação Montgomery.

No começo de 1955, Rosa subiu em um ônibus e se sentou na área destinada a pessoas negras, como de

costume. Após algumas paradas, alguns passageiros brancos entraram no ônibus, mas todos os assentos estavam tomados. O motorista do ônibus ordenou que Rosa e alguns outros cedessem seus lugares, mas ela se recusou, sendo presa por violar as leis de segregação. Alguns dias depois, a NAACP organizou um boicote aos ônibus Montgomery. Todos os 40.000 trabalhadores negros da cidade participaram.

"Eu gostaria de ser conhecida como a pessoa que se preocupou com liberdade, igualdade, justiça e prosperidade para todas as pessoas."

Naquela noite, a comunidade negra da cidade se reuniu e fundou a Associação pela Evolução de Montgomery (MIA), escolhendo um pastor batista chamado Martin Luther King Jr. como seu líder. O Boicote de Ônibus de Montgomery durou mais de um ano. Em dezembro de 1956, ele finalmente chegou ao fim, quando uma lei que acabava com a segregação nos ônibus, trens e metrôs foi aprovada. Foi uma vitória gigantesca para o movimento dos direitos civis e o primeiro dos muitos protestos não-violentos que, gradualmente, trouxeram mais igualdade.

Rosa continuou a fazer campanhas durante toda a sua vida. Ela também trabalhou como secretária para o político afro-americano John Conyers, outro bastião dos direitos civis, por mais de 20 anos. Em 1999, Rosa ganhou a Medalha de Ouro do Congresso, uma das honrarias civis mais altas dos Estados Unidos.

FADUMO DAYIB
ATIVISTA DE DIREITOS HUMANOS
(1972-)

Nascida no Quênia, no Leste Africano, Fadumo Dayib foi deportada para o país natal de seus pais, a Somália, em 1989. Era uma época de guerra civil. A mãe de Fadumo vendeu tudo que a família tinha para viajar com seus três filhos para a Europa. Fadumo chegou na Finlândia como refugiada em 1990, sem dinheiro e com uma educação precária. Hoje, ela é uma especialista em saúde pública que trabalhou para as Nações Unidas e estudou até conseguir um doutorado.

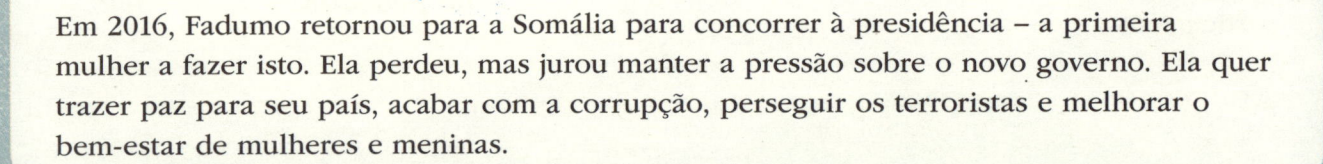

Em 2016, Fadumo retornou para a Somália para concorrer à presidência – a primeira mulher a fazer isto. Ela perdeu, mas jurou manter a pressão sobre o novo governo. Ela quer trazer paz para seu país, acabar com a corrupção, perseguir os terroristas e melhorar o bem-estar de mulheres e meninas.

SHIRLEY CHISHOLM
POLÍTICA
(1924-2005)

Muito antes de Hillary Clinton ou de Barack Obama, Shirley Chisholm quebrava barreiras baseadas em gênero e etnia. Nascida Shirley St. Hill, ela estudou em Barbados e Nova York, e desenvolveu um interesse em política enquanto trabalhava como professora. Em 1969, Shirley se tornou a primeira mulher negra a ser eleita para o congresso americano. Durante seus 14 anos na Câmara dos Deputados, trabalhou para melhorar a vida de mulheres e crianças, especialmente em áreas pobres. Em 1972, tornou-se a primeira candidata presidencial negra.

Shirley enfrentou o preconceito durante toda sua vida. Ela sobreviveu a tentativas de assassinato e viveu até os 80 anos. Dez anos após sua morte, ela foi agraciada com a Medalha Presidencial da Liberdade.

HARRIET TUBMAN
Abolicionista, Cadete do Exército e Sufragista
(c. 1822-1913)

Nascida na escravidão, em Maryland, EUA, Harriet Tubman trabalhou desde a infância. Ela foi babá, cozinheira, trabalhadora rural e lenhadora. Em 1849, fez uma jornada perigosa de 145km para a Pensilvânia, um estado livre, onde a escravidão havia sido banida. Mesmo ali, Harriet não estava segura. Como uma escrava fugida ela poderia – por lei – ser capturada e devolvida para seu dono.

Em 1850, Harriet retornou a Maryland para resgatar membros da sua família. Ela repetiu a jornada mais de 13 vezes, conduzindo outros escravos afro-americanos à liberdade. Usando uma rota secreta para o Canadá, conhecida como a "Ferrovia Subterrânea", Harriet resgatou mais de 70 escravos, arriscando gravemente a própria vida.

Na Guerra Civil Americana (1860-1865), Harriet trabalhou como cadete e espiã para o exército da União, que queria abolir a escravidão. Em junho de 1863, ela liderou assaltos do Exército da União a plantações na Carolina do Sul, libertando mais de 750 escravos.

Harriet ajudou os outros durante toda sua vida. Ela acreditava que mulheres deviam ter permissão de votar e discursou em reuniões de sufragistas. Ela doou tanto que morreu pobre – em um asilo para afro-americanos idosos que ela ajudou a fundar.

"Eu fui condutora da Ferrovia Subterrânea por 8 anos, e posso dizer o que a maioria dos condutores não pode – eu nunca descarrilei meu vagão e nunca perdi um passageiro."

YAA ASANTEWAA
Líder Ashanti
(c.1840–1921)

O território onde fica Gana, nos dias de hoje, tem uma região no Sul chamada Ashanti. Seu nome vem do povo Ashanti, que compõe a maioria da sua população. Os Ashanti vivem em grupos chamados clãs, cada um com seu próprio chefe. Em 1670, esses clãs tinham se unido para formar o Reino Ashanti, sob a liderança de um único rei. Ele cresceu até se tornar rico e poderoso, vendendo ouro e escravos para os britânicos, holandeses e dinamarqueses que tinham montado entrepostos comerciais ao longo da costa (conhecida como Costa Dourada).

> "Eu devo dizer isto: se vocês, homens de Ashanti, não pressionarem adiante, então, nós vamos. Nós, as mulheres, iremos. Eu conclamarei minhas companheiras mulheres. Nós iremos lutar!"

Na época que Yaa Asantewaa nasceu, os britânicos tinham dominado os fortes das outras nações europeias na Costa Dourada. Durante a década de 1870, eles saquearam a capital Ashanti de Kumasi, construíram um forte vizinho ao palácio do rei e demandaram impostos exorbitantes.

Yaa Asantewaa era da realeza Ashanti. Seu irmão foi o chefe de Edweso dos anos 1880 até sua morte, em 1894, quando o trono passou para o neto de Yaa Asantewaa, Kofi Tene.

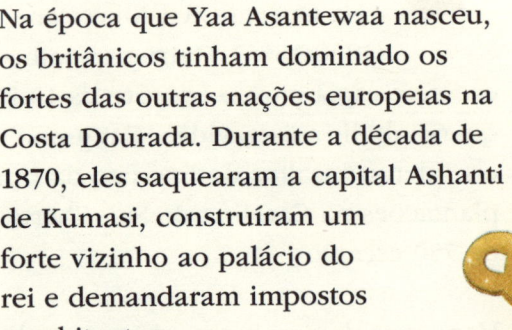
BANQUETA DOURADA

Em 1896, os britânicos exigiram que o povo Ashanti renunciasse a suas terras e se tornasse parte do Império Britânico. Quando o Rei Prempeh I recusou, foi capturado e deportado, junto com Kofi Tene e alguns outros chefes. Yaa Asantewaa tomou seu lugar como chefe de Edweso.

Mesmo com seu rei ausente, os Ashanti continuaram a resistir ao domínio britânico. Frustrado, o governador britânico da Costa Dourada ordenou que eles entregassem o Trono Dourado, o mais precioso e poderoso objeto de todo o reino. Era um símbolo sagrado, mantido em um lugar secreto, conhecido apenas pelo rei e seus oficiais de confiança.

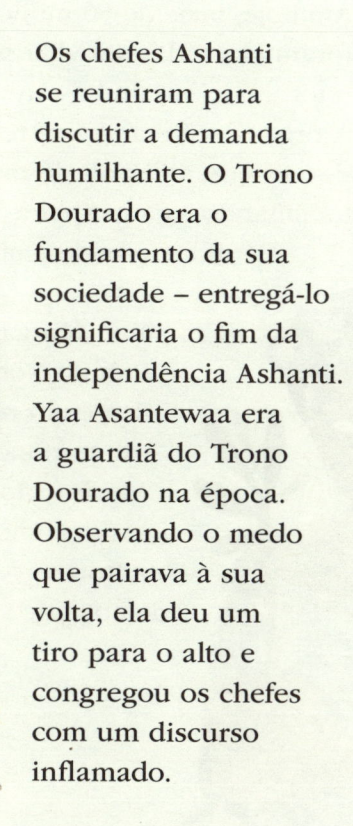

Os chefes Ashanti se reuniram para discutir a demanda humilhante. O Trono Dourado era o fundamento da sua sociedade – entregá-lo significaria o fim da independência Ashanti. Yaa Asantewaa era a guardiã do Trono Dourado na época. Observando o medo que pairava à sua volta, ela deu um tiro para o alto e congregou os chefes com um discurso inflamado.

Impressionados, os chefes tornaram Yaa Asantewaa a primeira comandante do exército Ashanti. Foi uma escolha sábia. Ela ordenou que cada vilarejo construísse uma barricada defensiva e recuperou a capital com táticas de sítio – impedindo que suprimentos chegassem ao forte britânico. Seu uso de tambores no campo de batalha assustou as forças britânicas. No começo, as táticas de Yaa Asantewaa foram bem-sucedidas, mas em 1901 os britânicos enviaram mais tropas e sobrepujaram os 5000 guerreiros Ashanti, vencendo a Guerra do Trono Dourado. Yaa Asantewaa foi enviada para o exílio nas Ilhas Seychelles, além do Leste Africano.

A região da Costa Dourada ficou sob domínio britânico, mas o rei Ashanti e os chefes tiveram permissão de retornar eventualmente. A coragem de Yaa Asantewaa foi celebrada em canções e, em 1957, Gana conquistou sua independência novamente.

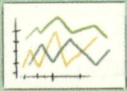

WANGARI MAATHAI
ATIVISTA AMBIENTAL
(1940–2011)

Se não fosse por Wangari Maathai, o Quênia, onde ela nasceu, seria radicalmente diferente. A ativista ambiental, política, feminista, publicista de direitos civis e cientista melhorou a situação de milhares de quenianos e outros africanos, assim como do solo em que vivem.

> "Não podemos nos cansar ou desistir. Devemos isso às gerações presentes e futuras de todas as espécies para se levantar e andar!"

Nascida Wangari Muta em uma vila próxima ao Monte Quênia, ela cresceu em um cenário natural estonteante. Estar tão próxima da natureza inspirou muito de seu trabalho futuro. Após se graduar no colégio, Wangari estudou no exterior e no Quênia, graduando-se em biologia e fazendo doutorado em anatomia veterinária. Ela lecionou na Universidade de Nairobi, onde se tornou professora universitária em 1977.

Naquele mesmo ano, Wangari iniciou o Movimento Green Belt. Ela percebeu como cortar árvores prejudicava a vida selvagem e as comunidades rurais e começou a pagar a mulheres uma pequena quantia para cada árvore que plantassem.

O movimento se espalhou pela África. Até hoje, mais de 50 milhões de árvores foram plantadas e a vida selvagem está retornando em muitas áreas. A organização também treinou dezenas de milhares de mulheres, habilitando-as a ganhar a vida sem danificar o meio ambiente.

Em 2004, Wangari recebeu o Prêmio Nobel da Paz. O prêmio reconheceu a importância do seu Movimento Green Belt, assim como seus esforços em tornar o Quênia mais democrático.

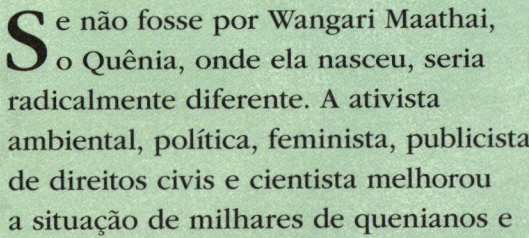
FERRAMENTA DE PLANTIO

JOAN ARMATRADING
MUSICISTA, CANTORA E LETRISTA
(1950-)

Quando Joan Armatrading tinha 14 anos de idade, ela viu uma guitarra usada em uma vitrine e implorou que sua mãe a comprasse. A mãe de Joan, então, trocou dois carrinhos de bebê pelo instrumento e Joan se tornou a feliz proprietária de sua primeira guitarra. Ela aprendeu a tocar por conta própria e começou a escrever canções. Dentro de dois anos, ela já estava tocando no seu primeiro show.

Nascida na ilha caribenha de Saint Kitts, Joan se mudou para Birmingham, no Reino Unido, com sua família quando tinha sete anos de idade. Seu talento musical ficou evidente desde sua infância, quando ela começou a tocar o piano de sua mãe, ainda muito pequena. Tendo descoberto a guitarra, ela embarcou em uma carreira produtiva como cantora, letrista e musicista.

DISCO DE PLATINA

Em 1972, Joan lançou seu álbum de estreia e se tornou a primeira artista britânica negra a alcançar o sucesso com suas próprias composições. Desde então, ela lançou mais de 20 álbuns solo. Suas gravações chegaram ao selo ouro (500.000 cópias vendidas) e platina (um milhão). Ela foi nomeada três vezes para o Grammy e duas vezes para o Brit.

Em 2001, Joan foi condecorada como Membro da Ordem do Império Britânico (MBE). Ela se formou em história neste mesmo ano. Joan apoia muitas instituições de caridade, especialmente as que ajudam os jovens.

"Você não tem que ser rico e famoso. Você só tem que ser uma pessoa normal fazendo coisas extraordinárias."

MAMIE PHIPPS CLARK
PSICÓLOGA SOCIAL
(1917–1983)

Mamie Phipps nasceu em uma sociedade dividida e injusta. A segregação racial se estendia por todo o território, mas especialmente pelos estados do Sul, tais como Arkansas, onde Mamie cresceu. Afro-americanos tinham escolas, hospitais e prisões separadas, além de suas próprias entradas nos cinemas e em jogos esportivos. Eles eram proibidos de se sentar em certos assentos de ônibus ou bancos de parque. A educação nas escolas para crianças afro-americanas era, com frequência, mais fraca do que em escolas "brancas".

A despeito dessas desvantagens, Mamie trabalhou duro, completou sua educação escolar e ganhou uma bolsa de estudos universitária. Ela começou uma graduação em matemática e física, mas logo trocou para psicologia. Em seu último ano, ela se casou com Kenneth Bancroft Clark, que estava fazendo doutorado em psicologia. Após sua graduação, Mamie iniciou um mestrado. Ela pesquisou como crianças afro-americanas em comunidades segregadas viam a si próprias – um campo de estudo ao qual ninguém tivera interesse de se dedicar.

Mamie e Kenneth foram os primeiros afro-americanos a se graduarem como doutores na Universidade Columbia, em Nova York. Nos anos 1940, eles executaram "testes de boneco" que expandiram a pesquisa original de Mamie. Os Clark entrevistaram jovens crianças afro-americanas de áreas *segregadas e não-segregadas*. Eles mostraram para as crianças bonecos que eram idênticos, exceto por serem brancos com cabelo amarelo ou pretos com cabelos marrons. Eles perguntaram às crianças se elas sentiam que se pareciam mais com um boneco do que com outro. Eles também perguntaram às crianças se elas gostavam mais de um boneco do que do outro e por quê.

"Eu penso que brancos e negros deviam ser ensinados a respeitar o próximo como uma parte integral da sua educação."

Os resultados do estudo foram chocantes. A maioria das crianças – especialmente aquelas de áreas segregadas – preferiam o boneco branco. Elas pensavam que o preto era feio e mau, mas elas também acreditavam que se pareciam mais com o boneco preto. Mamie e Kenneth viram que a segregação tinha prejudicado a autoestima das crianças negras e as feito pensar que não eram tão boas quanto as crianças brancas. Algo tinha que mudar. Elas precisavam ser tratadas como iguais.

Em 1954, o caso judicial *Brown vs. O Conselho de Educação* usou o estudo dos Clark como prova de que a segregação estava prejudicando as crianças negras. Como resultado, a segregação escolar foi banida dos Estados Unidos.

Mamie enfrentou o preconceito como uma mulher afro-americana, mas ela, finalmente, encontrou um trabalho recompensador quando abriu o Centro Northside para Desenvolvimento Infantil, em 1946. O Centro providenciava apoio para crianças com problemas emocionais. Mamie melhorou as vidas de inúmeros jovens de origens pobres ou de minorias.

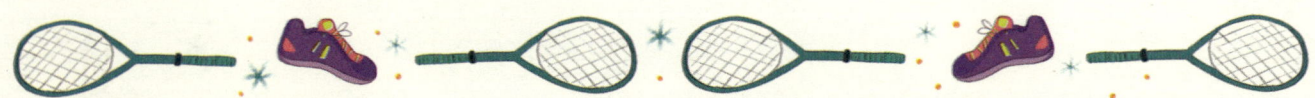

VENUS WILLIAMS
JOGADORA DE TÊNIS
(1980-)

Muito antes de Venus Ebone Starr Williams nascer, seu pai, Richard, sonhava em ter filhos que fossem estrelas de tênis. Ele via o esporte como um caminho para sair da pobreza – um modo de se libertar da favela. Ele e sua esposa, Oracene, aprenderam tudo sobre o jogo em livros e documentários. Quando sua filha de quatro anos de idade, Venus, demonstrou ser uma promessa, eles começaram a treiná-la em quadras públicas locais. Logo, a irmã mais nova de Venus, Serena, se juntou aos treinos. As meninas davam apoio uma à outra e dispunham de uma atitude competitiva saudável.

Com dez anos de idade, Venus sacava a 160km/h, e com 14, ela decidiu se profissionalizar no tênis. A estreia de Venus no US Open foi em 1997. Ela era avaliada como estando na 66ª posição no mundo, mas alcançou a final – a primeira jogadora não federada a conseguir fazê-lo.

Em 2000, Venus ganhou dois Grand Slams (Wimbledon e o US Open) e duas medalhas de ouro Olímpicas (individual e dupla feminina) em Sydney, na Austrália.

Venus esteve no auge da sua carreira por anos, apesar de lesões e de sofrer de uma doença autoimune. Ela não foi a primeira afro-americana a ganhar um Grand Slam – Althea Gibson já tinha conseguido isso em 1956 – mas ela fomentou um novo e poderoso modo de jogar. Venus alcançou o sucesso confiando em sua própria individualidade – e isto a torna um exemplo para pessoas de todas as áreas da vida, não só no tênis.

> "Quando você perde, fica mais motivada. Quando você ganha, falha em perceber os seus erros e, provavelmente, ninguém pode dizer-lhe nada."

TROFÉU DE WIMBLEDON

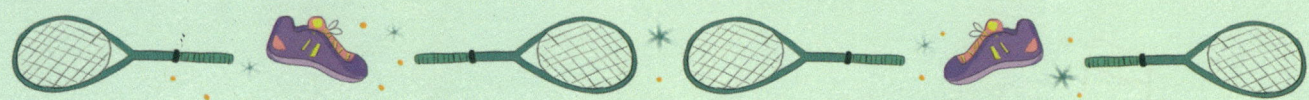

SERENA WILLIAMS
Jogadora de Tênis
(1981-)

Nascida 15 meses depois de sua irmã Venus, Serena Jameka Williams lucrou com a determinação de seus pais em tornar suas filhas estrelas do tênis. Ela participava das sessões de treino de sua irmã, e as garotas começaram a entrar em torneios de tênis quando Serena tinha cinco anos.

Um ano após Venus se tornar uma jogadora profissional, Serena seguiu seus passos. Ela conseguiu ganhar o US Open em 1999 – um ano antes de sua irmã mais velha. Contudo, sua ascensão veio no ano de 2002, quando ganhou a tríplice coroa do Grand Slam – O French Open, US Open, e o Australian Open.

Ganhar a medalha de ouro Olímpica e os quatro Grand Slams é conhecido como um Golden Slam de Carreira. Em 2002, Serena se tornou a segunda mulher a alcançar isso no jogo individual (Steffi Graf foi a primeira). Jogando em duplas, as irmãs Williams completaram *dois* Golden Slams de Carreira!

A vitória de Serena no Australian Open de 2017 levou seus títulos individuais de Grand Slam a uma soma recorde de 23. A vitória foi ainda mais extraordinária porque ela estava grávida de 8 semanas na época.

Assim como Venus, Serena joga com um estilo forte e atlético. Sua carreira foi inspiradora, especialmente para jovens jogadoras negras. Serena e sua irmã contribuíram para a muito necessária diversidade no esporte.

"O sucesso de cada mulher deveria ser a inspiração para outra. Nós devíamos engrandecer umas às outras."

TROFÉU DO AUSTRALIAN OPEN

NINA SIMONE
Musicista, Cantora e Ativista
(1933–2003)

Nina Simone (nascida Eunice Kathleen Waymon) era da Carolina do Norte, nos EUA. Sua mãe era pastora batista e seu pai era um técnico de manutenção e pregador. Nina tinha apenas três anos de idade quando começou a tocar músicas no órgão, na igreja de sua mãe.

Reconhecendo seu talento incrível, os pais de Nina a enviaram para ter aulas de piano. Ela tinha talento natural e decidiu se tornar a primeira pianista clássica negra. Sua cidade natal levantou fundos para que ela se formasse, estudando depois na Juilliard, a principal escola de Nova York de música e dança.

Nina cresceu em uma época de horrível discriminação racial.

"Não dá para lutar contra. O dever do artista, pelo menos na minha opinião, é refletir o seu tempo."

A escravidão fora abolida em 1865, mas muitos estados, especialmente os do Sul, tinham segregação. Cidadãos negros não podiam compartilhar espaços públicos com pessoas brancas. Os movimentos de direitos civis nos anos 1960 trabalharam para mudar isso com protestos pacíficos e campanhas.

Ser exposta ao racismo e à injustiça por toda a sua vida formou Nina enquanto artista. Quando ela tinha 12 anos de idade, deu seu primeiro recital de piano. Seus parentes, que estavam na primeira fila, tiveram que mudar de lugar para dar o espaço para membros brancos da plateia. Nina se recusou a tocar até que seus pais tivessem seus lugares de volta.

Nina desistiu de se tornar uma pianista clássica em 1951, quando foi rejeitada pelo prestigioso Curtis Institute of Music, na Filadélfia. Foi uma decepção, mas levou Nina a uma carreira fascinante como uma das musicistas e cantoras mais celebradas do século.

Em 1954, Nina começou a trabalhar como musicista em um bar. Ela adotou o nome de "Nina Simone" no palco para evitar que sua mãe descobrisse – ela não teria aprovado! A voz intensa de Nina e suas versões cheias de groove, de canções muito conhecidas, a tornaram uma atração popular.

Nina lançou seu primeiro álbum em 1958. Foi um grande sucesso, mas ela tinha vendido os direitos de autoria para a companhia fonográfica. Nenhuma parte dos lucros foi para ela. Nos anos 1960, Nina se juntou à luta por direitos civis e cantou nos comícios.

Frustrada pelo racismo nos Estados Unidos, Nina passou a maior parte dos anos 1970 em Barbados, África, e na Europa. Em 1987, ela alcançou as novas gerações quando sua gravação de "My Baby Just Cares for Me" foi escolhida para uma propaganda de um perfume refinado. Em 1991, Nina publicou sua autobiografia, "I Put a Spell on You". Ela passou os 10 últimos anos de sua vida no sul da França. Graças à sua voz extraordinária e habilidade técnica no piano, Nina inspirou muitas jovens musicistas.

KATHERINE G. JOHNSON
MATEMÁTICA
(1918–2020)

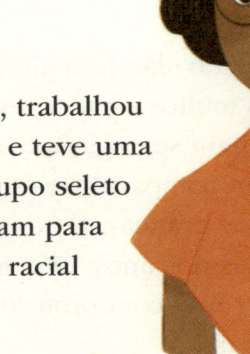

Katherine G. Johnson, uma talentosa matemática, trabalhou logo no início do programa espacial americano e teve uma longa carreira. Ela também fazia parte de um grupo seleto de mulheres afro-americanas que trabalhavam para a NASA na época, superando o preconceito racial durante um período de segregação.

APOLLO 11

Katherine sempre teve jeito com números, e começou o ensino médio três anos mais cedo, quando ela tinha apenas 10 anos. Ela se graduou em matemática e francês. Mais tarde, foi escolhida pela NASA por possuir habilidades especializadas na resolução de problemas. Katherine fez todo tipo de cálculos importantes para voos espaciais, incluindo o retorno seguro da lua dos astronautas da Apollo.

JOY BUOLAMWINI
CIENTISTA DA COMPUTAÇÃO
(1989–)

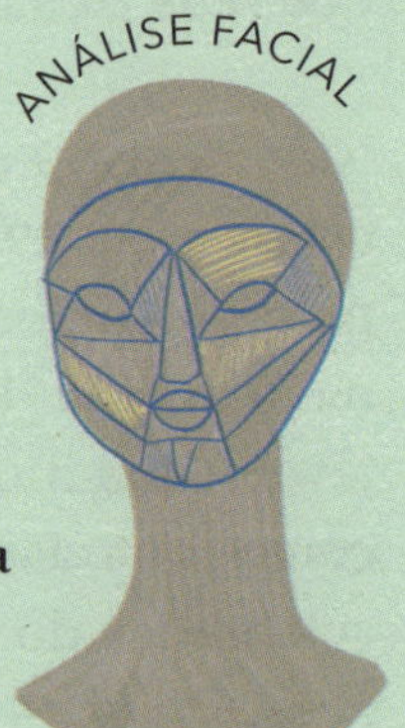

ANÁLISE FACIAL

Joy Buolamwini trabalha na vanguarda da ciência da computação e inteligência artificial. Ela se preocupa especialmente com as potenciais armadilhas e perigos da análise facial, dando conferências sobre o tema. A própria Joy fundou a Algorithmic Justice League para tentar desafiar o viés inerente do software de tomada de decisões com base em gênero e traços étnicos. Joy está ativamente envolvida no desenvolvimento da ciência no MIT Media Lab, um laboratório de pesquisa no Instituto de Tecnologia de Massachusetts. Ela promove o envolvimento dos jovens com a ciência, particularmente na África, e é uma inspiração incrível para as novas gerações, que crescerão entendendo que são criadores, não apenas consumidores, graças ao avanço da tecnologia na velocidade da luz.

LEONTYNE PRICE
CANTORA SOPRANO
(1927-)

A soprano Leontyne Price foi a primeira americana negra a integrar a Metropolitan Opera, em Nova York. Nascida no Mississipi e filha de pais pobres, ela precisou enfrentar muitos obstáculos em sua vida e carreira, sendo um exemplo de superação. Sua estreia na renomada ópera se deu em 1961, e os aplausos se estenderam por mais de 40 minutos. Ela se aposentou em 1997, mas continuou desempenhando um papel importante, se apresentando em concertos beneficentes, inclusive um em homenagem às vítimas dos ataques terroristas do dia 11 de setembro de 2001, aos 74 anos de idade. Durante sua carreira, acumulou um total de 19 Grammys, e seu talento e reconhecimento são indiscutíveis.

ETTA ZUBER FALCONER
MATEMÁTICA
(1933–2003)

Etta é celebrada por ter sido uma talentosa e perspicaz matemática, bem como uma notável promotora da educação, especificamente para os afro-americanos, sendo premiada com o Louise Hays Award em reconhecimento aos seus esforços. Ela fez parte da primeira geração de mulheres afro-americanas a receber um doutorado e dedicou quase quatro décadas ao ensino no Departamento de Matemática da Spelman College, inspirando centenas de alunos a aprender e explorar a beleza dos números.

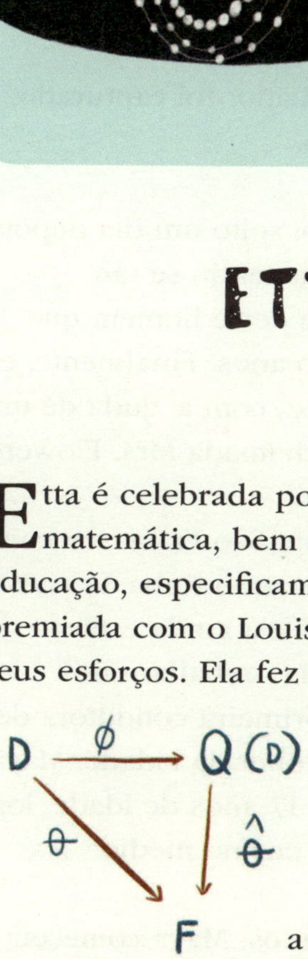

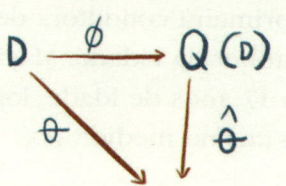

MAYA ANGELOU
Escritora, Cantora, Atriz e Ativista
(1928–2014)

Até hoje, "Eu Sei Porque o Pássaro Canta na Gaiola" pode ser encontrado em muitas listas de leitura de escolas e universidades. Como um relato da infância de Maya Angelou, ele ilustra a realidade dolorosa da vida dos afro-americanos na primeira metade do século passado.

Nascida Marguerite Annie Johnson, em St. Louis, no Missouri, Maya foi enviada para a zona rural do Arkansas com seu irmão quando tinha 3 anos de idade. Seus pais tinham se divorciado, e seu pai queria que as crianças vivessem com a mãe dele.

"É um dos maiores presentes que você pode dar a si próprio, o perdão. Perdoe a todos."

O Arkansas era segregado naquela época, o que significava que cidadãos negros não podiam compartilhar os mesmos espaços públicos que pessoas brancas e sofriam discriminação frequente. As escolas deixavam as crianças negras em desvantagem.

A autobiografia de Maya descreve um incidente lastimável que aconteceu quando ela tinha oito anos de idade. Ela foi abusada por um amigo da família.

Maya teve a coragem de contar a alguém e seu assediador foi capturado, processado e preso.

Infelizmente, ele foi solto um dia depois e assassinado. Maya sentiu-se tão culpada pela morte deste homem que não falou por cinco anos. Finalmente, ela reencontrou sua voz, com a ajuda de uma mulher simpática chamada Mrs. Flowers.

Maya se mudou para São Francisco com sua mãe e irmão quando tinha 14 anos de idade. Enquanto ela ainda estava terminando a escola, trabalhou nos bondes. Ela foi a primeira condutora de bondes negra e mulher da cidade. Maya teve um filho com 17 anos de idade, logo após se formar do ensino médio.

Quando tinha 20 anos, Maya começou a treinar dança e decidiu usar seu sobrenome "Maya" como seu nome profissional. Ela fez tours pela Europa em musicais e atuou em peças na cidade de Nova York.

De 1961 até 1965, Maya passou seu tempo entre o Egito e Gana. Quando retornou para os Estados Unidos, envolveu-se com o movimento pelos direitos civis.

Maya trabalhou muito próxima dos líderes de direitos civis Martin Luther King Jr. e Malcolm X. Quando Martin Luther King Jr. foi assassinado, em 1968, Maya ficou devastada. Ela concentrou toda sua energia na escrita.

"Eu Sei Porque o Pássaro Canta na Gaiola", publicado em 1969, foi uma das sete autobiografias que Maya publicou durante sua vida. Alguns dos seus fãs acreditam que estes são seus trabalhos mais importantes porque tratam do reconhecimento da identidade negra.

A primeira coleção de poemas de Maya apareceu em 1971 e foi nomeada para o Prêmio Pulitzer. No ano seguinte, Maya se tornou a primeira mulher afro-americana a escrever o roteiro de um filme cinematográfico. Em 2011, o presidente Barack Obama a condecorou com a Medalha Presidencial da Liberdade.

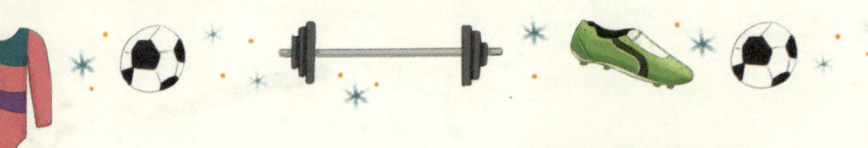

MARTA
JOGADORA DE FUTEBOL
(1986-)

Nos extremos do nordeste do país, Alagoas é um dos estados brasileiros mais desprivilegiados. Mais de um quinto da população é analfabeta; os hospitais são superlotados e mal equipados; suas indústrias estão em decadência; e o saneamento e o fornecimento de água são limitados.

Lá nasceu e cresceu Marta Vieira da Silva. Seu pai abandonou a família quando ela tinha um ano de idade, e sua mãe resolveu trabalhar como faxineira em período integral.

Em casa, sozinha com seus dois irmãos e uma irmã, Marta descobriu o futebol. Ela jogava nas ruas sem sapatos e chutava uma bola feita de sacolas plásticas amassadas. Quando Marta tinha 5 anos de idade, sua mãe se recusou a comprar uma bola, dizendo: "Você é uma menina, Marta." Mas, Marta não aceitou que o futebol fosse apenas para meninos, e aos sete anos ela treinava com os meninos todos os dias.

Marta não podia frequentar a escola regularmente por causa dos problemas financeiros da sua família. Desde os 11 anos de idade, ela trabalhou como vendedora ambulante de frutas e roupas,

> "Podem haver tempos difíceis, mas as dificuldades que você encontra a tornarão mais determinada para alcançar os seus objetivos e ganhar contra todas as probabilidades."

além de jogar pelo seu clube de futebol local.

Quando Marta tinha 14 anos de idade, ela foi escolhida pela olheira de talentos futebolísticos e técnica Helena Pacheco. Marta fez uma viagem de ônibus de três dias para o Rio de Janeiro, onde integrou o elenco do Vasco da Gama.

Ela representou o Brasil na Copa do Mundo Feminina sub-20 e chegou até a seleção nacional no ano seguinte. Marta foi eleita a Jogadora Mundial Feminina da Fifa por 5 anos consecutivos, de 2006 até 2010.

Na Copa do Mundo Feminina de 2007, Marta ganhou a Bola de Ouro de melhor jogadora e a Chuteira de Ouro de maior artilheira. Ela ganhou medalhas de prata em duas Olimpíadas e se decepcionou ao ser desclassificada nas semifinais dos Jogos de 2016, no Rio.

Marta jogou em clubes na Europa e nos Estados Unidos. Ela alcançou a final da Copa Feminina da UEFA (hoje a Champion's League Feminina) duas vezes com o clube sueco Umeå IK.

Marta é considerada a melhor jogadora de futebol da história, celebrada por sua habilidade, velocidade e agilidade. Ela tinha que ser forte para ter sucesso no Brasil, um país onde o futebol feminino foi banido de 1941 até 1979 por ser "coisa de menino".

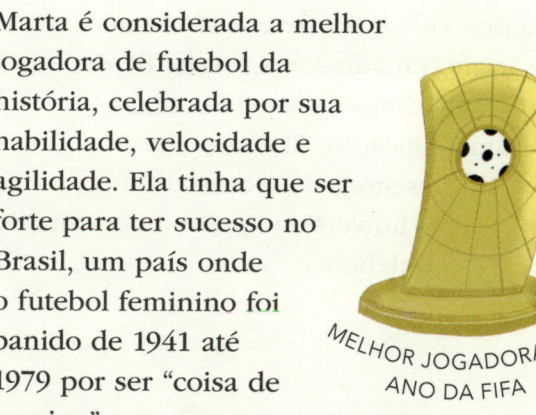

MELHOR JOGADORA DO ANO DA FIFA

O futebol feminino ainda encara grandes desigualdades. Um censo de 2017 revelou que o jogador masculino mais bem pago, Neymar, do Brasil, assim como Marta, ganhava o mesmo que todas as 1.693 jogadoras das sete principais ligas de futebol feminino combinadas. Seu salário no Paris Saint-German era 1.150 vezes maior do que o de Marta no Orlando Pride. Ainda há um longo, longo caminho a percorrer.

BESSIE COLEMAN
Aviadora
(1892–1926)

O Texas, nos EUA, ainda tinha leis de segregação quando Bessie Coleman nasceu, em 1892. Haviam se passado quase 30 anos desde que a escravidão tinha sido abolida, mas muitas pessoas brancas ainda tinham opiniões racistas e, com frequência, tratavam pessoas negras como inferiores.

Bessie era a décima de 13 filhos. Seu pai era miscigenado (Cherokee e Afro--americano) e sua mãe era afro-americana. Eles eram trabalhadores rurais. Bessie ajudava no campo, mas ela também teve uma educação. Ela frequentou uma escola segregada e cursou um semestre na universidade afro-americana de Langston, Oklahoma.

Quando tinha 23 anos, Bessie foi viver em Chicago, onde trabalhou como esteticista. Ela se tornou fascinada pelo voo. Os jornais estavam cheios de histórias de pilotos retornando da Primeira Guerra Mundial. A aviação ainda era uma tecnologia nova. O primeiro voo a decolar por conta própria tinha acontecido apenas em 1903.

Nenhuma escola de aviação americana teria aceitado Bessie, por causa de seu gênero e etnia. Ela teve a ideia de ir para a França, onde havia menos discriminação, através de Robert Abbott, que editava o maior jornal negro de Chicago. Ele e Jesse Binga, dono do primeiro banco afro-americano de Chicago, ajudaram a financiar a viagem de Bessie.

Bessie frequentou a melhor escola de voo da França, em Le Crotoy. As aeronaves eram incrivelmente instáveis naquela época pioneira, e alguns dos estudantes colegas de Bessie morreram durante o treinamento.

Em junho de 1921, Bessie ganhou sua licença internacional de pilotagem. Ela foi a primeira piloto mulher e negra. Bessie decidiu ganhar a vida como "mambembe" ou como piloto de acrobacias. As acrobacias aéreas eram um entretenimento popular na década de 1920.

RAINHA BESSIE

"O ar é o único lugar livre de preconceitos."

Em 3 de setembro de 1922, ela participou de um show aéreo em Long Island, em Nova York. Foi o primeiro de muitos. Uma piloto habilidosa e dedicada, Bessie impressionava plateias voando de cabeça para baixo, rodando, mergulhando e fazendo loopings. Ela se tornou conhecida como "Rainha Bessie".

Bessie queria quebrar barreiras raciais. Ela se recusou a se apresentar diante de audiências segregadas, e também deu palestras sobre aviação para afro-americanos em igrejas, salões e escolas. Bessie estava economizando para começar a primeira escola de aviação para negros quando morreu tragicamente, em abril de 1926. Ela despencou de uma altura mortífera durante um ensaio para um show de acrobacias e o seu mecânico também morreu no acidente. Milhares foram ao funeral de Bessie para prestar sua homenagem. Hoje em dia, pilotos afro-americanos marcam o aniversário da sua morte voando sobre seu túmulo e jogando flores.

O sonho de Bessie de uma escola de voo para negros se tornou realidade. Em 1929, o piloto de exército afro-americano William Powell abriu o Clube Aéreo Bessie Coleman, em Los Angeles.

MISTY COPELAND
BAILARINA PRINCIPAL
(1982-)

A combinação de atleticismo, técnica e emoção faz com que o balé seja incrivelmente exigente. Inúmeras dançarinas se esforçam para se tornar profissionais, mas apenas uma pequena parcela consegue. Parte desta é Misty Danielle Copeland, a primeira afro-americana a ser dançarina principal no Teatro Americano de Balé (ABT), em Nova York, EUA.

Misty nasceu na Cidade do Kansas, mas se mudou para São Francisco com sua mãe e cinco irmãos quando ainda era muito pequena. Ela nunca conheceu seu pai, e frequentemente se desentendia com os parceiros da sua mãe. Ela vivia na pobreza.

Quando Misty tinha 13 anos de idade, ela fez uma audição para a equipe de dança da escola. Após apresentar sua própria coreografia, foi nomeada capitã da equipe de 60 integrantes. Seu treinador, que tinha formação em dança clássica, recomendou que Misty fizesse algumas aulas de balé.

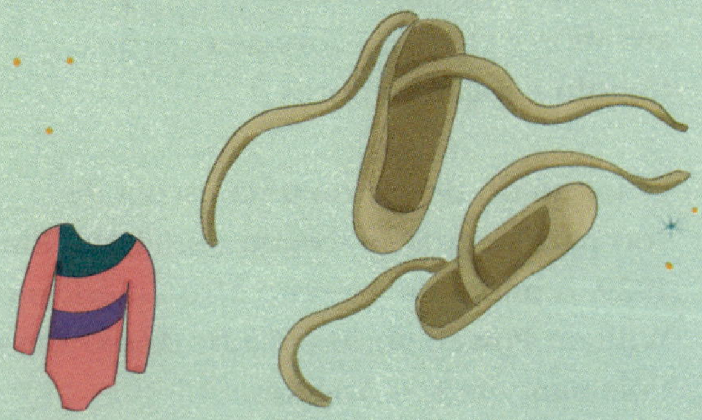

Misty não estava convencida de que iria gostar de balé, mas resolveu se matricular. Durante as primeiras semanas, ela não tinha ideia do que deveria estar fazendo, mas sua instrutora, Cindy Bradley, via nela um grande potencial desde o começo.

A maioria dos dançarinos profissionais começa o treinamento com três anos de idade. Devido a seu início incerto e tardio, Misty progredia fazendo cinco aulas por semana. Em três meses, ela conseguia dançar em pointe – uma técnica que dançarinos levam anos para dominar.

BARRA DE BALÉ

Cindy sabia que a realidade de Misty era de intensa pobreza, e por isso não cobrava pelas aulas. Quando a mãe de Misty se mudou e se tornou impossível para ela viajar entre sua casa, escola, e aulas de balé, Cindy convidou Misty para morar com ela durante a semana, e Misty só via sua mãe aos fins de semana

Quando Misty tinha 15 anos de idade, ela ficou em primeiro lugar no Los Angeles Music Center Spotlight Awards. Mais tarde naquele ano, ela recebeu uma bolsa integral para o curso de verão de seis semanas do Balé de São Francisco. Em 1999 e 2000, Misty ganhou bolsas para frequentar a escola de verão do ABT. Ela foi uma das seis dançarinas (de 150) que receberam o convite de ingressar na trupe júnior do ABT. Misty logo alcançou a fama. Em 2007, ela se tornou a primeira solista afro-americana do ABT e, em 2015, ela se tornou a principal (a maior hierarquia de uma dançarina).

Misty se tornou um ícone da cultura popular. Em 2016, ela foi modelo para a linha de "Sheroes" da Barbie. A boneca

"Meu corpo é muito diferente da maioria dos dançarinos com quem danço. Meu cabelo é diferente da maioria com que danço. Mas eu não deixei isso me impedir. Meninas negras arrasam e podem ser bailarinas."

vestia uma imitação do macacão vermelho que Misty usou no balé "O Pássaro de Fogo". Misty também estrelou no filme da Disney "O Quebra-Nozes e Os Quatro Reinos" (2018), como a bailarina.

Misty apoia muitas organizações de caridade, e aconselha jovens dançarinas regularmente.

O QUEBRA-NOZES

ALICE AUGUSTA BALL
QUÍMICA
(1892-1916)

Uma mulher verdadeiramente notável em ciência, Alice Augusta Ball teve uma vida extraordinária, apesar de curta e trágica. Ela foi a primeira afro-americana a concluir o mestrado em química da Faculdade do Havaí, e deixou sua marca na história da medicina por ter desenvolvido um tratamento bem-sucedido para a doença conhecida como hanseníase.

Alice cresceu em Seattle, Washington, em uma família fascinada pela fotografia. O avô dela foi um dos primeiros a usar um método conhecido como daguerreótipo, o que a expôs a alguns elementos da química desde muito pequena. A família mudou-se temporariamente para o Havaí em 1902, com o objetivo de melhorar a saúde do avô, mas, infelizmente, ele faleceu logo depois e eles voltaram para Washington.

Lá, Alice mostrou uma grande aptidão pela ciência e se formou em farmácia e farmacêutica química. Depois, ela voltou ao Havaí, onde se tornou a primeira mulher afro-americana a receber um prêmio de mestrado em química pela Faculdade. Ela focou sua tese sobre as propriedades da raiz kava.

Foi depois disso que Alice começou a ensinar e pesquisar, com apenas 23 anos. Ela investigou as propriedades químicas do óleo de chaulmoogra, por muito tempo usado no tratamento da hanseníase.

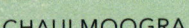

CHAULMOOGRA

> "A descoberta de Ball foi muito benéfica para aliviar a dor dos pacientes. E ter alcançado tudo o que ela alcançou naquele tempo mesmo sendo uma mulher negra já a torna notável por si só."
>
> JAMES P. HARNISCH

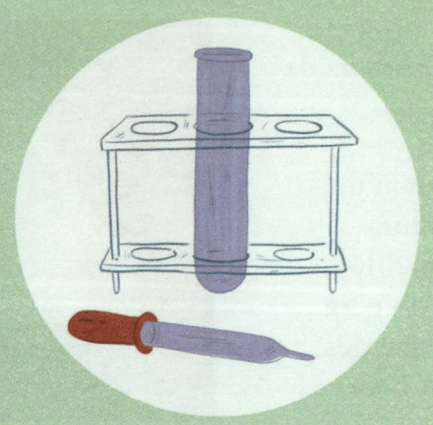

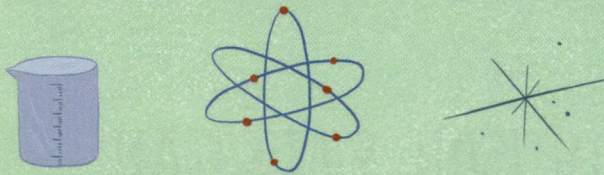

O tratamento sempre teve resultados conflitantes, até que Alice conseguiu isolar os ingredientes mais eficazes e transformá-los em um medicamento injetável com uma taxa de sucesso mais alta.

A hanseníase ou lepra (também conhecida como a doença de Hansen) afeta os nervos, pele, olhos e a parte interna do nariz. As áreas do corpo afetadas perdem a capacidade sentir o toque ou dor e o dano provocado ao nervo pode levar à paralisia de pés e mãos – por isso a descoberta foi tão inovadora. O método desenvolvido por Alice foi utilizado até a década de 1940, quando um novo tratamento foi introduzido.

Infelizmente, Alice não foi capaz de publicar suas descobertas. Enquanto ensinava, sofreu envenenamento por cloro e morreu aos 24 anos. O reitor da faculdade continuou seu trabalho e levou todos os créditos, mas, felizmente, algum tempo depois, uma revista médica fez uma breve menção à descoberta do "Método Ball".

Hoje ela é lembrada pelo papel incrível que desempenhou na medicina.

DOROTHY JOHNSON VAUGHAN
ENGENHEIRA MATEMÁTICA
(1910–2008)

Dorothy Johnson Vaughan foi uma professora de matemática afro-americana que se tornou líder no campo de engenharia matemática durante o desenvolvimento inicial da tecnologia aeroespacial. O legado dela é notável.

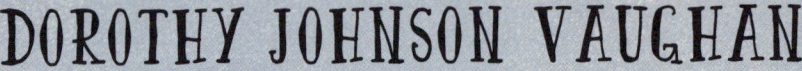

Nascida em Missouri, Dorothy lecionou em uma escola da Virgínia depois de terminar a universidade. Ela se casou e começou a trabalhar para o Comitê Nacional para Aconselhamento sobre Aeronáutica (NACA), que mais tarde se transformou na NASA. Durante a década de 1940, havia uma grande necessidade de engenheiros e matemáticos para desenvolver aeronaves mais tecnológicas, devido à Segunda Guerra Mundial. Como os homens eram recrutados para servir nos campos de batalha, mais mulheres foram contratadas e sua genialidade e capacidade foram reveladas.

Dorothy começou sua vida profissional em um momento em que a discriminação racial passava por mudanças, mas ela ainda teve que trabalhar separadamente de seus colegas brancos – a segregação ainda era terrivelmente comum.

ALPHA KAPPA ALPHA SORORITY

Na NACA, Dorothy ganhou destaque e se tornou uma gerente de sucesso da West Area Computing. Ela foi a primeira supervisora negra da organização e trabalhou incansavelmente para aumentar as oportunidades para as mulheres. Quando a NASA assumiu o controle da NACA, ela juntou as divisões de Análise e Computação, onde a segregação estava

PLANTA DO EDIFÍCIO NACA

definitivamente extinta. Dorothy, então, tornou-se especialista em programação. Ela aprendeu sozinha sobre o Fortran, a linguagem de programação usada em computação científica.

Ela também contribuiu muito para o desenvolvimento do Scout Launch Vehicle Program — um dos mais bem-sucedidos conjuntos de veículos lançadores da NASA. Dorothy garantiu que as funcionárias do sexo feminino fossem altamente treinadas em programação, prevendo sua futura importância na indústria.

Ela é destaque no livro *Figuras Ocultas: A história das Mulheres Afro-americanas que Ajudaram a Vencer a Corrida Espacial*, que virou filme em 2016.

CALCULADORA

"Eu mudei o que pude, e o que não pude, suportei."

MIRIAM MAKEBA
CANTORA E ATIVISTA
(1932–2008)

Nascida em 1932, Miriam Makeba foi uma das primeiras cantoras africanas a se destacar no cenário mundial. Ela teve uma infância difícil, crescendo em uma vizinhança negra e pobre em Joanesburgo, África do Sul, e tendo que trabalhar como faxineira a partir dos seis anos de idade, quando seu pai faleceu, para ajudar a compor a renda de sua família. Seus pais eram de grupos étnicos diferentes – ele, Xhosa; ela, Swazi.

Em 1948 começou o apartheid, um sistema de segregação racial, na África do Sul, barrando aos negros acesso a boas casas e empregos, bem como o direito a espaços frequentados por pessoas brancas.

Miriam demonstrou talento na música desde criança, cantando no coral da igreja, e se tornou uma cantora profissional nos anos 1950, fazendo turnês com o grupo The Manhattan Brothers. Também fundou um grupo inteiramente feminino, The Skylarks, e atuou no filme antiapartheid "De Volta à África", de 1958, onde cantava e pôde demonstrar seu talento.

Miriam se mudou para Nova York, onde se apresentou em bares de jazz. Foi também lá que recebeu apoio do cantor Harry Belafonte para gravar suas músicas. O movimento de direitos civis dos afro-americanos decolava nessa época, e Miriam aproveitou esta oportunidade para se manifestar contra o apartheid.

Em 1960, perdeu sua mãe em uma manifestação reprimida pela polícia sul-africana, que deixou 69 mortos e 220 feridos. Miriam teve seu ingresso no país negado, não podendo comparecer ao funeral. Ela passou 31 anos em exílio.

Retornou ao país em 1990, com a proibição do apartheid e a libertação de Nelson Mandela após 27 anos de prisão. Começava uma nova era no país.

Miriam se tornou Embaixadora da Boa Vontade da ONU em 1999 e recebeu a Medalha de Ouro Otto Hahn em 2001. Morreu na Itália em 2008 durante sua turnê de despedida.

> "Meninas são as futuras mães da nossa sociedade, e é importante que nós nos concentremos em seu bem-estar."